www.tredition.de

Erika und Hans-Walter Busch

Warum unsere Tochter?

Den 17-monatigen Kampf gegen einen
Gehirntumor hat Sabine verloren

www.tredition.de

Umschlaggestaltung: Hans-Walter Busch
© Bildrechte: Hans-Walter Busch, Privatarchiv

Verlag: tredition GmbH, Hamburg
ISBN: 978-3-8495-7671-4
Printed in Germany

Bibliografische Information der Deutschen Nationalbibliothek:
Die Deutsche Nationalbibliothek verzeichnet diese Publikation in der Deutschen Nationalbibliografie; detaillierte bibliografische Daten sind im Internet über http://dnb.d-nb.de abrufbar.

Warum unsere Tochter ?

Den 17-monatigen Kampf gegen einen Gehirntumor hat Sabine verloren

Am Sonntag, den 18.07.2010, wartete ich am Nachmittag wie üblich auf den Telefonanruf meiner sechsundvierzigjährigen Tochter Sabine aus Bremen.

Auf dieses Telefongespräch freute ich mich schon die ganze Woche. Das Verhältnis zwischen Sabine, mir und ihrem Vater hätte besser nicht sein können.

Sabine wurde am 28.08.1963 in Hamburg-Rothenburgsort geboren. Sie war ein sogenanntes „Vorzeigebaby", immer lieb und freundlich lachend.

Gerne wurde sie von Nachbarn und Freunden mit dem Kinderwagen ausgefahren.

Sabine war ein sehr ruhiges Baby und begann auch erst nach 20 Monaten mit dem Laufen. Das Sprechen erlernte sie hingegen schon recht früh.

Meine Schwiegermutter hatte die Sorge, dass mit Sabines Skelett irgendetwas nicht in Ordnung sein könnte und nervte mich damit ständig. Deswegen suchte ich mit meiner Tochter einen Kinderarzt auf, der jedoch nach einer Untersuchung Entwarnung geben konnte.

Im Alter von 2 Jahren fiel Sabine beim Spielen mit der Stirn auf eine Metalltürschwelle und zog sich eine schwere Platzwunde zu. Die Wunde wurde von einem Notarzt geklammert.

War das möglicherweise die Ursache für das Entstehen eines Gehirntumors?

Sabine verbrachte eine unbeschwerte Kindheit und hatte viele Freundinnen. Sie hatte ein eigenes Zimmer und saß beim Fernsehen immer dicht vor dem Fernseher. Ein Augenarzt stellte fest, dass Sabine -4 Dioptrien hatte und dringend eine Brille benötigen würde.

Um mit 6 Jahren eingeschult werden zu können, musste sie damals noch einen Schultest bestehen. Den schaffte sie ohne Probleme.

Zum Ende der 4. Klasse wurde Sabine von der Klassenlehrerin als gute Mittelschülerin eingestuft.

Doch da ihre Freundin auf das Gymnasium in Bargteheide wechselte und die Mädchen nicht getrennt werden wollten, ging Sabine ebenfalls auf das Gymnasium. Im Nachhinein stellte sich diese Entscheidung als richtig dar.

Die Hin- und Rückfahrt zum 12 Kilometer entfernten Gymnasium erfolgte mit dem Schulbus. Wenn der Unterricht länger dauerte und der Schulbus bereits weg war, holten wir Sabine ab oder aber sie fuhr mit dem eigenen Mofa nach Hause.

Nach dem Abitur bewarb sie sich um einen Ausbildungsplatz bei einem bekannten Bekleidungsunternehmen in Hamburg. Sie hatte Glück und bekam ihren Traumjob. Während der Ausbildung durchlief sie sämtliche Abteilungen des Unternehmens und lernte dabei einige Filialen in Hamburg kennen.

Dazu gehörten beispielsweise die Filialen im Alstertal Einkaufszentrum und im Elbe Einkaufszentrum sowie das Haupthaus in der Mönckebergstraße.

Während dieser Zeit wohnte Sabine noch bei uns.

Sie fuhr auch gerne mit ihren Eltern in den Urlaub, überwiegend nach Dänemark.

Schließlich erhielt sie ein Stellenangebot als Handelsassistentin in Bremen. Sabine überlegte nicht lange und sagte zu.

Natürlich ging mit dieser Entscheidung ein Wohnungswechsel einher.

Wir halfen unserer Tochter bei der Wohnungssuche in Bremen und beim Umzug.

Möbel, die wir bei Ikea in Hamburg kauften, wurden mit einem Kleinlaster nach Bremen gebracht. Das dreisitzige Sofa passte leider nicht in den Fahrstuhl des neuen Wohnhauses, doch gemeinsam mit einem hilfsbereiten Mieter trug mein Mann es in den 5. Stock.

Mein Mann nahm eine Woche Urlaub und schraubte mit Sabine die Möbel in der neuen Wohnung zusammen. Danach waren die beiden Experten im Zusammenbau von Ikea-Möbeln.

Natürlich unterstützten wir Sabine auch finanziell.

Nach einer Einarbeitungszeit in dem Bremer Geschäft stieg sie zur Abteilungsleiterin auf. Sabine war eine überaus freundliche und positiv denkende junge Frau.

Sie war in ihrer Firma sehr beliebt und hatte immer ein offenes Ohr für ihre Kollegen.

Einen besonderen Draht hatte sie zu ihren Auszubildenden. Deswegen legte sie vor der Handelskammer Bremen eine Prüfung ab, die sie dazu berechtigte, junge Leute auszubilden.

Zitat der Mitarbeiter: Wenn Sabine den Raum betritt, geht die Sonne auf.

Bei der Arbeit in ihrer Firma lernte sie einen Kollegen kennen und lieben. Sabine war hin und weg.

Es war Liebe auf den ersten Blick.

Bis zu diesem Zeitpunkt waren ihre Beziehungen zu Männern eher oberflächlich geblieben und hatten nicht lange gedauert.

Im Stillen hatte Sabine schon nicht mehr damit gerechnet, einem Mann zu begegnen, mit dem sie ihr Leben hätte teilen können.

Am 20.10.2000 wurde die Ehe vor dem Standesamt in Bremen geschlossen. Trauzeugin war eine ihrer besten Freundinnen. Die Kirchliche Trauung fand einen Tag später in der St. Annen Kirche zu Westen, dem Heimatort ihres Mannes, statt. Gefeiert wurde die Hochzeit zusammen mit Familienangehörigen, Freunden und Nachbarn im Fährhaus zu Barnstedt.

Damit auch Sabines Arbeitskollegen an der Feier teilnehmen konnten, wurde ihre Abteilung mit anderen Angestellten aus dem Geschäft besetzt.

Mein Mann, der im Februar 2000 an einem Plasmozytom erkrankt war und im AK Hamburg Altona behandelt wurde, bekam von seinen Ärzten die Erlaubnis, an der Hochzeit unserer Tochter teilzunehmen.
Sabine freute sich riesig darüber.
Es war eine gelungene Hochzeitsfeier. Die Gäste feierten bis spät in die Nacht.

Sabines Mann zog bei ihr ein. Nun wurde es ein bisschen eng in der Wohnung. Doch wenn man frisch verliebt ist, lässt man sich davon nicht stören.

Leider hielt die Ehe nicht lange und die einvernehmliche Scheidung erfolgte am 14.12.2004. Ihr Ex-Mann zog aus der Wohnung aus und der Kontakt brach leider ab. Die Ehe blieb kinderlos.

Sabine brauchte einige Zeit, um diesen Tiefpunkt zu verarbeiten. Doch so langsam bekam sie ihr Leben dann wieder in den Griff. Sie hatte sich etwas aufgebaut und war nun rundherum zufrieden.

Dann kam der besagte Sonntag mit dem einschneidenden Telefongespräch. Ich war mit Sabine mitten in der Unterhaltung, als plötzlich das Gespräch abrupt abbrach. Ich drückte auf die Wiederholungstaste und bekam ständig ein Besetztzeichen. Ich machte mir Gedanken. War da etwas passiert?

Am späten Nachmittag rief Sabine erneut an und ich bekam die Erklärung für den unvermittelten Abbruch unseres vorherigen Gespräches.

Sie erzählte, dass sie während des Telefonates einen Krampfanfall erlitten hatte und kurzzeitig bewusstlos geworden war. Das Telefon sei ihr aus

der Hand gefallen und hätte sich in seine Einzeltei-
le aufgelöst.

Sabine konnte sich an nichts mehr erinnern. Sie
merkte nur, dass sie sich kräftig auf die Zunge ge-
bissen hatte. Sie fühlte sich völlig erschöpft, als
hätte sie an einem Marathon teilgenommen.

Am selben Abend bekam Sabine Besuch von ihrer
besten Freundin. Nachdem sie von dem Vorfall
berichtet hatte, bestand die Freundin darauf, umgehend mit Sabine in die Notaufnahme des Krankenhauses Bremen Mitte zu fahren.

Nach einer CT-Untersuchung und Blutentnahme
erklärten die Ärzte Sabine, dass ihre Blutwerte
nicht in Ordnung seien. Da Sabine alleine lebte,
hielten es die Ärzte für erforderlich, dass sie nach
Hause fahren, ihre Tasche packen und zurück ins
Krankenhaus kommen würde. Hier hätte man sie
unter Kontrolle.

Aufgrund der Ungewissheit folgte eine sehr un-
ruhige Nacht.

Am nächsten Tag teilte ihr der Radiologe nach
einer MRT-Untersuchung im Krankenhaus Bremen-
Mitte mit, dass sie einen Gehirntumor habe und
wegen weiterer Untersuchungen im Krankenhaus
verbleiben müsse.

Als Sabine uns das Ergebnis telefonisch mitteilte,
waren wir geschockt.

Die Welt schien stehen zu bleiben.

Es war wie ein Schlag ins Gesicht.

Ohne Vorwarnung, von jetzt auf gleich, ein „Gehirntumor". Unsere lebensfrohe, nie kranke Tochter mit einem Gehirntumor. Was für ein Wort.

Mein Mann und ich überlegten nicht lange, packten unsere Sachen und fuhren am 21.07.2010 nach Bremen.

Wir wollten unsere Tochter unterstützen und ihr das Gefühl geben, dass sie nicht alleine ist.

Natürlich mussten wir zuvor noch ein paar Termine absagen beziehungsweise umlegen. Nun war es gut, dass ich im Juni 2009 aufgehört habe, als Kassiererin im Supermarkt zu arbeiten und deshalb nun Zeit für Sabine haben würde. Auch mein Mann war seit dem Jahr 2001 in Ruhestand.

Wir besuchten sie noch am selben Tag im Krankenhaus und wurden schon sehnsüchtig erwartet. Wir fielen uns in die Arme und trösteten uns gegenseitig.

Wie ging es weiter? Es handelte sich um einen schnell wachsenden Tumor. Da die Gefahr weiterer Krampfanfälle bestand, planten die Ärzte des Krankenhauses für den 22.07.2010 eine Operation.

Wir waren optimistisch und hofften, dass der Tumor bei der Operation komplett würde entfernt werden können.

Mein Mann fuhr abends wieder nach Hamburg, während ich in Sabines Wohnung verblieb.

Am Nachmittag des nächsten Tages konnte ich sie auf der Intensivstation besuchen. Sie war ansprechbar und lächelte, als sie mich sah. An der rechten Kopfseite hatte sie einen großen Verband.

Die Operation hatte sie recht gut überstanden. Gott sei Dank hatte sie keine neurologischen Ausfälle. Als ich all die technischen Geräte und Schläuche sah, an denen sie zur Kontrolle angeschlossen war, kamen mir dann aber doch die Tränen.

Der Operateur teilte uns mit, dass der Tumor gut zugänglich war und dass man ihn deswegen auch gut entfernen konnte.

Wiederum einen Tag später, am 23.07.2010, wurden die Schläuche aus der Kopf- und der Halswunde gezogen. Die Operationsnähte bekamen ein Pflaster. Nun sah die Welt für uns schon ein bisschen besser aus.

Als Sabine die 9 cm lange Operationsnarbe am Kopf im Spiegel sah, war sie doch sehr erschrocken. Trotzdem verbesserte sich ihr Zustand von Tag zu Tag. Wir waren voller Zuversicht und sind gemeinsam viel spazieren gegangen. Das Wetter war gut.

Als ich Sabine am 24.07.2010 erneut besuchte, saß sie auf einem Stuhl vorm Waschbecken und machte sich frisch. Die Freude war riesig.

Ich entfernte noch vorsichtig die Blut- und Jodreste.

Anschließend machte Sabine sich weiter hübsch und setzte ein schickes Hütchen auf.

Danach bekam sie eine Gehhilfe und wir gingen in die Cafeteria und gönnten uns einen Kaffee.

Als wir schließlich zurück im Krankenzimmer waren, sagte die Bettnachbarin zu Sabine, dass sie in ihrer Abwesenheit Besuch von einem jungen Mann gehabt habe. Das kam uns sofort komisch vor und Sabine stellte fest, dass ihr die Geldbörse aus dem unverschlossenen Nachtschrank entwendet worden war. Inhalt: 200 € Bargeld und sämtliche Papiere.

Natürlich waren wir sehr erschrocken über die moralische Verwerflichkeit, einem kranken Menschen so etwas anzutun. Wir riefen sofort bei meinem Mann an, der die Ausweise, Chip- und Checkkarten sperren ließ. Aus einem Freudentag wurde durch den Diebstahl ein Alptraum-Tag. Die Bremer Polizei kam ins Krankenhaus und nahm die Anzeige auf. Da wir den Täter möglicherweise im Krankenhaus gesehen hatten, legte uns der Polizist eine Lichtbildkartei vor. Wir erkannten den Täter jedoch nicht wieder.

Am 30.07.2010 wurde Sabine aus dem Krankenhaus entlassen.

Vorher teilten uns die Ärzte in einem Gespräch mit, dass es sich bei dem Tumor um ein Glioblastom WHO IV, der ca. 1,8 cm groß und schnell wachsend ist, handelte.

Das Tumorgewebe hatten die Ärzte soweit wie möglich entfernt. Ich konnte mit dem Wort „Glioblastom" nichts anfangen.

Abends telefonierte ich mit meinem Mann. Er schaute im Computer nach und sagte mir, dass es sich dabei um einen bösartigen Gehirntumor handeln würde. Wir waren am Boden zerstört, wohl wissend, dass sich nun auch unser Leben total verändern würde.

Wichtig war jetzt unsere Tochter.

Am 16.08.2010 stellte Sabine einen Antrag auf Behinderung. Anfang August gingen wir zur Deutschen Bank in Bremen und Sabine richtete eine Kontovollmacht für mich ein, damit ich notfalls mal Geld für sie abheben könnte.

Es war ein wunderbarer Spätsommer. Die Sonne schien und es war warm. Sabine freute sich immer riesig auf die Sonntage. Ihre Freundin hatte dann frei und wir fuhren in das Restaurant „Haus am Walde". Wir saßen im Freien unter einem Sonnenschirm, tranken Cappuccino und genossen den leckeren Kuchen. Die traurigen Gedanken wurden dabei teilweise verdrängt.

Am 19.08.2010 fand ein weiteres Gespräch im Krankenhaus statt. Der zuständige Arzt sprach mit uns über den weiteren Verlauf der Behandlung.

Geplant wurden 30 Bestrahlungen und zeitgleich eine Chemotherapie mit 140 mg Temozolomid an insgesamt 42 Tagen.

Am 25.08.2010 brachte eine weitere MRT-Untersuchung den Befund, dass noch immer Tumorgewebe vorhanden war. Leider war der Tumor nicht abgrenzbar und hatte sogenannte „Tentakeln".

Zwei Tage später fand eine Planungs-CT mit Gesichtsmaskenanpassung statt. Mit der Maske sollte Sabines Kopf während der Bestrahlung auf der Liege festgeschnallt werden, damit die Strahlen nur auf das Tumorgewebe treffen und gesundes Gewebe geschont werden würde.

Sabine plante am 28.08.2010, ihrem Geburtstag, mit Freundinnen im „Haus am Walde" essen zu gehen. Aufgrund der starken Nebenwirkungen verwarf sie diesen Plan jedoch und trank stattdessen mit ihren Freundinnen zuhause Kaffee. In Anbetracht der schweren Wochen, die ihr nun bevorstanden, hatte Sabine den Kopf dafür aber nicht wirklich frei.

Am 01.09.2010 wurde die Simulation durchgeführt. Zwei Tage darauf, am 03.09.2010, begannen die Bestrahlungen und die Chemotherapie. Nach

15 Bestrahlungen und Chemos begann Sabine so langsam, ihre schönen blonden Haare zu verlieren.

Ich glaube, das war sehr schlimm für sie.

Allmählich bekam Sabine zudem auch einen „Strahlenkoller".

Man liegt auf der Liege und spürt keine Schmerzen.

Man hofft inständig, dass die Strahlen das „böse Gewebe" vernichten.

Am Nachmittag des 05.09.2010 erwarteten wir Sabines Freundin zum Kaffee. Sabine hatte sich im Bad geschminkt und ging ins Schlafzimmer. Ich sprach mit ihr, ohne im gleichen Raum zu sein. Als ich keine Antwort mehr bekam, begab ich mich ins Schlafzimmer und sah, dass Sabine quer über das Bett lag und einen Krampfanfall hatte. Sie war nicht ansprechbar, ihre Augen kreisten unkontrolliert.

Ich war dermaßen erschrocken. So hatte ich sie noch nicht gesehen. Ich rief sofort einen Rettungswagen, der Sabine dann ins Krankenhaus brachte.

Als ich etwas später im Krankenhaus anrief, erhielt ich die Auskunft, dass Sabine wieder nach Hause könne. Mit ihrer Freundin, die ich verständigt hatte, holte ich Sabine mit dem Auto ab.

Um die Gefahr derartiger Anfälle zukünftig zu verringern, wurde die Kortison Dosis erheblich angehoben.

Trotzdem erlitt Sabine nur drei Wochen später, am Nachmittag des 26.09.2010, wieder einen leichten Krampfanfall. Danach war sie körperlich sehr geschwächt. Auch am nächsten Tag ging es ihr noch nicht gut. Sie schlief überwiegend.

Am 03.10.2010 musste ich wegen einiger persönlicher Termine nach Hamburg. Sabine begleitete mich zum Bahnhof. Es fiel mir sehr, sehr schwer, mich von ihr zu trennen. Sie stand auf dem Bahnsteig und blickte dem davonfahrenden Zug traurig hinterher.

Am 07.10.2010 bin ich vorzeitig wieder zurück nach Bremen gefahren, weil Sabine mich brauchte. Sie hatte große Angst, alleine zu sein.

Der 13.10.2010 war wieder ein schlechter Tag. Sabine fühlte sich sehr schlapp und hatte vermehrt ein sogenanntes „Haubengefühl".

Drei Tage später waren die Bestrahlungen und die Chemo endlich überstanden. Bis zur nächsten Therapie konnte Sabine sich 4 Wochen erholen.

Am 17.10.2010 ging es Sabine einigermaßen gut, sodass wir sogar in dem nahe gelegenen Bürgerpark spazieren gehen konnten.

Am Nachmittag hatte sie leider erneut einen leichten sensomotorischen Anfall mit den üblichen

Nebenwirkungen, die wie immer 2 Tage anhielten. Trotzdem verbesserte sich ihr körperlicher Zustand nun aber von Tag zu Tag. Es fiel eine Last von ihren Schultern.

Sie war nun endlich wieder dazu in der Lage, den Arbeitskolleginnen in ihrer Firma einen Besuch abzustatten und sich mit ihren besten Freundinnen zu treffen.

Noch immer fühlte sich Sabine verantwortlich für ihre Abteilung und erstellte deshalb zum Beispiel auch die Arbeitspläne für ihre Kolleginnen.

Ihre Vertreterin war davon begeistert, weil sie dadurch von derlei „Bürokram" entlastet wurde.

Zu diesem Zeitpunkt gingen wir davon aus, dass Sabine ihre Arbeit wieder aufnehmen würde. Auch ihr Chef, der Geschäftsleiter, bestärkte sie darin und versicherte ihr, dass, ganz egal wie lange es dauern würde, ihre Stelle für sie freigehalten würde.

Sabine war in ihrer Firma besonders bei ihren „Mädels" sehr beliebt. Sie konnte gut zuhören, erkannte die Probleme und versuchte sie so zu lösen, dass alle zufrieden waren.

Sabine war sehr gerecht und setzte sich für die Mitarbeiterinnen ihrer Abteilung ein. Aufgrund dieses sozialen Engagements lehnte sie auch mehrfach den Wunsch ihrer Firma ab, sich als „GL" (Geschäftsleiter) zu bewerben.

Eine solche Bewerbung und der damit einhergehende Aufstieg in der Hierarchie des Unternehmens hätten mehr Ansehen, Macht und höhere Bezüge bedeutet. Aber auch mehr Verantwortung, möglicherweise Einsätze in verschiedenen Städten und damit verbundene Wohnortwechsel. Der Umgang mit den Kollegen wäre dann ein anderer geworden. Das alles wollte Sabine nicht.

Die Aufgaben als „AL" (Abteilungsleiterin) füllten sie aus und sie war glücklich.

Mit ihrer besten Freundin, ebenfalls Abteilungsleiterin in der Firma, telefonierte sie jeden Abend. Es wurde über alles geredet, wie Umsätze, Kolleginnen und Kunden.

Sabine gehörte zu dem Team, das sich einmal im Jahr im Haupthaus in Hamburg traf, um die Kollektion für die jeweilige Jahreszeit auszusuchen und zu ordern. Zum damaligen Zeitpunkt wollte sie natürlich wissen, wie die von ihr ausgesuchte Wintermode von den Kunden angenommen wurde.

„Ihre Mädels" kümmerten sich rührend um Sabine. Oft lagen Aufmunterungskarten vor der Tür. Auch die von Sabine betreuten Auszubildenden schrieben kleine, liebe Briefe.

Am 06.11.2010 hatte Sabine wieder einen leichten Krampfanfall. Die üblichen Nebenwirkungen wurden dieses Mal noch durch ein heftiges Nervenzucken um den Mund sowie eine leicht lallende Sprechweise begleitet.

Wie jedes Jahr zu Weihnachten kaufte Sabine für ihre Kolleginnen Geschenke. Alle bekamen das Gleiche. Am 07.11.2010 wickelten wir die Geschenke sorgsam und mit Liebe in Weihnachtspapier ein.

Ihre Freundin und Arbeitskollegin holte die Päckchen ab und nahm sie für die Firmenweihnachtsfeier mit.

Ich fuhr für einige Tage mit dem Metronom nach Hause, um etliche Termine wahrzunehmen.

Zuhause war ich beruhigt, dass mein Mann mit meiner Abwesenheit ganz gut zurechtkam. Er bekochte sich selber und hielt die Wohnung in Schuss.

Zusätzlich kümmerte er sich auch um unseren Sohn, der in Hamburg ganz in der Nähe wohnte und ein Jahr jünger als Sabine war, damit der sich nicht vernachlässigt fühlte.

Wenige Tage später, am 11.11.2010, fuhr ich erneut nach Bremen. Wieder holte meine Tochter mich vom Bahnhof ab. Ich sah es ihr an, dass sie voller Freude war, mich wiederzuhaben.

Bei ihr zuhause wartete wie immer eine kleine Aufmerksamkeit auf mich, zum Beispiel ein Blumengruß, eine Dankeskarte oder ein Gutschein für

Kosmetik. So war meine Tochter, immer voller Dankbarkeit.

Nach einer MRT-Kontrolle am 12.11.2010 erhielten wir die traurige Nachricht, dass der Tumor leider wieder gewachsen war.

Prompt bekam Sabine abends erneut einen leichten epileptischen Anfall. Zudem klagte sie dabei über Luftnot und hatte das Gefühl, keine Gewalt mehr über ihre Zunge zu haben. In den nächsten Tagen besserte sich ihr Gesundheitszustand nicht.

Am 15.11.2010 begann der 1. Zyklus mit 350 mg Temozolomid für 5 Tage. Anschließend waren 23 Ruhetage eingeplant.

Sabine tat mir unendlich leid. Da das Wachstum des Tumors durch die bisherigen Behandlungen nicht zum Stillstand gebracht werden konnte, telefonierte der betreuende Onkologe Dr. R. am 29.11.2010 mit Dr. H. vom UKE Hamburg.

Sabines Krankenakte wurde zum UKE Hamburg geschickt. Nachdem Dr. H. die Unterlagen geprüft hatte, erklärte er sich bereit, Sabine in einer sogenannten Wach-OP zu operieren. Als Termin wurde der 08.12.2010 festgesetzt. Dr. H. vom UKE ist ein anerkannter Spezialist für Operationen am Gehirn.

Nach Rücksprache mit meinem Mann vereinbarten wir, dass er am 07.12.2010 mit dem Auto nach Bremen kommen, uns aufnehmen und dann nach Hamburg fahren sollte.

So lief es dann auch ab und wir fuhren mit Sabine ins UKE Hamburg.

Dort angekommen, begleiteten wir sie auf ihre Station und verabschiedeten uns erstmal für diesen Tag.

Eine gute Freundin von mir stellte den Kontakt zu einer Heilerin her, die Sabine während der Operation begleiten sollte, genauso wie ihre Schutzengel es tun würden.

Am 08.12.2010 durften wir Sabine um 15.30 Uhr, nach der Operation, auf der Intensivstation besuchen. Sie weinte und konnte noch nicht wieder richtig sprechen, sondern brachte nur ein Lallen zustande.

Dr. H. hat bei der Operation versucht, soviel Tumorgewebe wie möglich zu entfernen, ohne bleibende neurologische Ausfälle zu riskieren. Er erklärte uns, dass er dabei das Sprachzentrum leicht berühren musste.

Es war bedrückend, die vielen Schläuche und Überwachungsgeräte zu sehen, an denen Sabine angeschlossen war. Überall piepte und blinkte es. In einer solchen Umgebung merkt man auf eine niederschmetternde Art und Weise, wie vergänglich ein Menschenleben ist und wie abhängig der Mensch von Maschinen sein kann.

Am 09.12.2010 wurde Sabine auf die Station verlegt. Nun ging es ihr langsam besser und ich besuchte sie jeden Tag.

Am 14.12.2010 hatten wir ein Gespräch mit Dr. H. Er teilte uns mit, dass die Operation gut verlaufen sei. Er hoffte, einen Großteil des Tumorgewebes entfernt zu haben, sodass der Rest mit einer Chemotherapie gut behandelt werden könnte.

Danach folgte die Entlassung und mein Mann und ich fuhren mit Sabine wieder zurück nach Bremen.

Dort erwartete uns eine große Überraschung und Sabine brachte vor Freude kein Wort über die Lippen.

Was war passiert?

Ihre Freundin hatte während ihrer Abwesenheit die Wohnung geschmückt und vor der Wohnungstür hing eine Girlande mit Willkommensgrüßen. Sabine war sehr gerührt.

Mein Mann fuhr anschließend zurück nach Hamburg und ich blieb bei Sabine.

Am 16.12.2010 wurden die Fäden der Operationsnaht gezogen. Die Wunde verheilte gut. Die Probleme beim Sprechen behandelte in mehreren Sitzungen eine Logopädin.

Nach jedem Zyklus der Chemotherapie hatte Sabine mit stärker werdenden Nebenwirkungen zu kämpfen. Sie nahm Schmerzmittel gegen Kopf- und Rückenschmerzen. Durch die Einnahme der vielen Tabletten rebellierte ihr Magen immer öfter, obwohl sie auch Tabletten schluckte, um den Magen zu schützen.

In dieser Zeit hatte sie keinen Appetit.

Mit dem Kochen ihrer Lieblingsgerichte versuchte ich, sie zu überlisten und zum Essen zu bewegen. Sabine war während der Chemo-Zyklen physisch nicht groß belastbar. Sie war ständig müde und schlief sehr viel. Auf der linken Seite des Mundes zeichnete sich eine leichte Lähmung ab.

Manchmal hatte Sabine das Gefühl, als ob ihr „Ameisen" über ihre linke Gesichtshälfte bis in die Hand laufen würden. Ein Physiotherapeut kümmerte sich um die zunehmenden Probleme im Rücken und Halswirbel.

Gemäß einer Anordnung von Dr. H. wurde ab dem 18.12.2010 die Einnahme von Cortison abgesetzt. Sabine suchte regelmäßig den Neurologen Dr. K. auf, der die Hirnströme (EEG) überprüfte. Anhand des dabei entstehenden Diagramms konnte er erkennen, ob die Gefahr eines Krampfanfalls gegeben war und ob die Einnahme und Dosierung der Tabletten verändert werden musste.

Weihnachten 2010 kam uns mein Mann mit unserem Sohn in Bremen besuchen. Wir wussten ungefähr, wann die beiden mit der Straßenbahn ankommen würden.

Zur entsprechenden Zeit gingen wir hinaus auf den Balkon der Wohnung, da man von hier aus die Haltestelle einsehen konnte. Wir begrüßten die beiden Besucher mit „Elchgeweihen" auf unseren Köpfen, die Sabine uns gekauft hatte.

Trotz ihrer schweren Krankheit hatte sie einen riesigen Spaß daran. Das fand ich bewundernswert.

Wir genossen den Tag im Kreis unserer kleinen Familie.

Wir gingen mittags essen und nachmittags tranken wir bei Sabine Kaffee. Die richtige Weihnachtsstimmung kam natürlich nicht auf, denn dazu waren wir zu sehr in Sorge um Sabine. Aber trotzdem bemühten wir uns, durch Gespräche und Einfühlungsvermögen möglichst eine gewisse „Normalität" zu verbreiten. Der Tag verging wie im Fluge.

Am Abend verabschiedeten sich mein Mann und mein Sohn. Ich selbst fuhr am 27.12.2010 nach Hause.

Vom 28.12.2010 - 03.01.2011 verbrachte ich mit meinem Mann eine Woche in St. Peter Ording. Wir haben uns dort einigermaßen erholt, obwohl die Gedanken immer bei Sabine waren.

Jeden Tag telefonierten wir miteinander. Am 06.01.2011 fuhr ich dann wieder nach Bremen und Sabine begann mit dem zweiten Zyklus der Chemotherapie – 5 Tage Temozolomid einnehmen, danach 23 Tage Ruhe.

Am 02.02.2011 erfolgte eine erneute MRT-Kontrolle, die jedoch keine neuen Erkenntnisse brachte. Der Tumor war unverändert. Einen Tag später sollte der dritte Zyklus der Chemotherapie beginnen (5 Tage Temozolomid, 23 Tage Pause).

Sabines Onkologe war der Meinung, dass ihre Haare bei dieser Chemo nicht ausfallen würden.

Als ihre Haare dann aber trotzdem auszufallen begannen und die Kopfhaut immer mehr durchschimmerte, war sie sehr traurig.

Am 10.02.2011 ging ich deswegen mit Sabine in ein Perückenstudio.

Sie suchte sich eine Perücke aus, die ihrem Haarschnitt und ihrem Naturton am nächsten kam.

Bereits eine Woche später war die Perücke fertig. Eine Freundin begleitete Sabine zur Anprobe.

Sie brauchte jemanden zum Trösten, da nun auch ihre restlichen eigenen Haare abrasiert wurden.

Ich war an diesem Tag in Hamburg, um einige Termine wahrzunehmen.

Als ich kurz darauf zurück in Bremen war, sah ich Sabine das erste Mal mit Perücke.

Ich fand, dass sie toll damit aussah und sagte es ihr auch.

Auf den ersten Blick war nicht zu erkennen, dass Sabine eine Perücke trug. Es hatte sich also gelohnt, etwas mehr Geld dafür zu investieren.

Außerhalb der Wohnung trug Sabine nun immer die Perücke. Abends wurde die Perücke gewaschen, gekämmt und auf einen „Perückenkopf" aufgezogen.

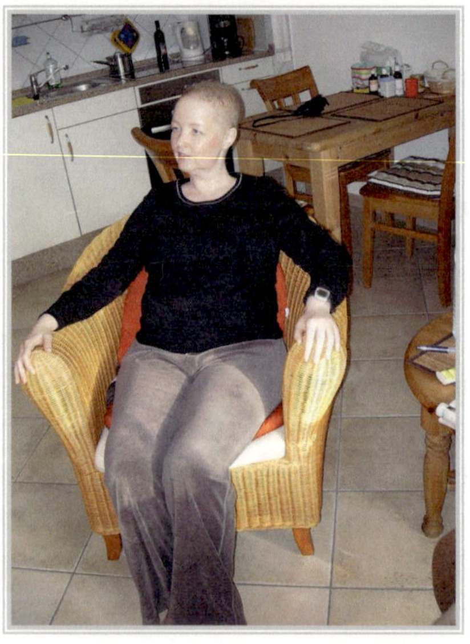

**Aufnahmen auf St. Peter Ording im März 2011
mit und ohne Perücke**

Trotz der Chemotherapie ging es Sabine einigermaßen gut. Deswegen schlug ich vor, eine Woche nach St. Peter zu fahren. Sabine freute sich riesig, auch mal etwas anderes sehen zu können, als immer nur Krankenhäuser, Arztpraxen und Apotheken. Mal in die Ferne schauen zu können, an nichts denken zu müssen, das Rauschen des Meeres hören und die Seeluft schnuppern zu können.

Mein Mann buchte für Mitte März eine entsprechende Unterkunft. Es war eine wunderschöne Woche. Das Wetter war gut und wir sind viel gewandert.

Wir waren an der See, saßen sogar im Strandkorb und schleckten Eis.

Lange Wanderungen konnte Sabine nicht mehr machen, da sie nicht so belastbar war.

Kurz vor Ende des Urlaubes bekam Sabine einen Magen- und Darmvirus. Ich hatte den Infekt am Abreisetag. Mein Mann hingegen blieb von dem Virus verschont.

Zurück in Bremen ging dann der Alltagstrott wieder los. Sabines Hemiparese links (halbseitige Lähmung) verschlimmerte sich.

Es fiel ihr zunehmend schwerer, mit der Hand etwas zu greifen und festzuhalten. Und auch der linke Fuß machte schon erhebliche Probleme. Am 01.04.2011 wurde bei einer weiteren MRT-

Untersuchung festgestellt, dass der Tumor schon wieder um 1,5 cm gewachsen war.

Mit den bisherigen Behandlungen war das Wachstum des Tumors nicht zum Stillstand gebracht worden. Die Ärzte Dr. H. und Dr. R. schlugen deshalb eine Behandlung mit dem Medikament Avastin vor, die in der onkologischen Praxis von Dr. D. in Bremen durchgeführt werden könnte. Die Ärztin Dr. D. war einverstanden.

Das Mittel Avastin war zwar nicht zur Behandlung eines Glioblastom zugelassen, aber Dr. D. hatte damit kein Problem. In erster Linie zählt der Patient.

Der Neurologe Dr. K. setzte sich sehr für Sabine ein, damit sie zeitnah einen Termin bekam. Am 12.04.2011 erfolgte die erste Infusion mit Avastin.

Es folgten noch drei weitere Infusionen und zwar am 27.04.2011, 10.05.2011 und am 25.05.2011.

Um mit ihrer schlimmen Krankheit besser fertig zu werden, suchte Sabine am 13.04.2011 einen onkologischen Psychologen auf. Es folgten danach noch 3 weitere Termine bei dem Psychologen.

Bei einer MRT am 14.06.2011 wurde festgestellt, dass sich der Tumor verkleinert hatte.

Die Behandlung mit dem Mittel Avastin zeigte also scheinbar Wirkung.

Der Radiologe sagte wörtlich: „Jetzt geht es in die andere Richtung".

„Wie", meinte Sabine, „habe ich jetzt einen zweiten Tumor?"

Der Radiologe lachte und klärte sie auf. Sabine und ich lagen uns daraufhin vor Freude in den Armen. Wir waren so froh. Es war das erste Mal, dass es für Sabine eine positive Entwicklung gab. Wir hatten bereits nicht mehr daran geglaubt.

Dr. D. regte noch 2 zusätzliche Infusionen mit dem Mittel Avastin an, die am 24.06.2011 und am 08.07.2011 stattfanden.

Am 17.07.2011 gingen wir spontan zum Kaffee ins „Haus am Walde", schmiedeten Zukunftspläne und Sabine trank zum ersten Mal seit langer Zeit wieder einen Kaffee Latte.

Ab dem 27.07.2011 verschlimmerten sich die Nebenwirkungen bei Sabine.

Sie hatte des Öfteren ein Nervenzucken im Gesicht, mitunter keine Kontrolle über den Unterkiefer, starke Kopfschmerzen, hohen Blutdruck und heftiges Nasenbluten.

Am 16.08.2011 kam der Tag der Entscheidung. Hatte sich das Tumorgewebe weiter verkleinert oder nicht? Die MRT ergab leider, dass der Tumor wieder gewachsen war.

Eine Welt brach für uns zusammen und wir waren am Boden zerstört. Ich sah Sabines traurige Augen und konnte meiner Tochter nicht helfen.

Am 18.08.2011 fand ein Gespräch mit Dr. D. statt. Was machen wir jetzt? Wie geht es weiter?

Wir kamen überein, die eingereichte und genehmigte Kur in Bad Bevensen zu stornieren. Frau Dr. D. vermittelte für den 24.08.2011 einen Beratungstermin bei Prof. P. in Heidelberg. Also fuhren wir an diesem Tag mit dem Zug nach Heidelberg. Die Hinfahrt verlief glatt.

Das Gespräch mit Prof. P. war für Sabine etwas anstrengend.

Nachdem er Sabines Unterlagen geprüft hatte, kam er zu folgendem Ergebnis: Keine Bestrahlung und keine Teilnahme an einer Studie. Stattdessen eine Chemotherapie mit den Mitteln Procarbazin, CCNU, Kevatril und Vincristin. Insgesamt waren 3 Zyklen vorgesehen, wobei jeder dieser Zyklen 42 Tage dauern sollte.

Die Rückfahrt war chaotisch. Am Abend des Tages tobte ein Unwetter mit sehr starken Sturmböen über Frankfurt, sodass die Fahrt dort vorerst zu Ende war.

Es fuhr kein Zug mehr.

Auf den Schienen und Oberleitungen lagen umgestürzte Bäume. Nach einer ca. zweistündigen Wartezeit ging es dann schließlich mit einem Regionalzug weiter bis Hannover. Von dort wurden wir mit einem Taxi nach Bremen gebracht. Erst um drei Uhr nachts waren wir völlig erschöpft Zuhause.

Hoffentlich würden sich die Strapazen dieser „Horrorfahrt" für Sabine lohnen.

Von jetzt an ging es Sabine immer schlechter. Die Hemiparese der linken Körperhälfte verschlimmerte sich. Mit der Hand konnte sie nichts mehr greifen oder anfassen. Der linke Arm hing so am Körper herunter, als ob er nicht mehr dazugehören würde. Mit dem linken Fuß konnte sie nicht mehr richtig auftreten. Es war ein Bild des Jammers.

Sabines Wohnung befand sich im 5. Stockwerk. Sie war nicht mehr in der Lage, die Treppe zu benutzen.

Der Fahrstuhl war die einzige Verbindung nach draußen, um die vielen Termine wahrzunehmen zu können.

Eines Tages war eben dieser Fahrstuhl jedoch defekt. Die Reparatur dauerte ca. 14 Tage. In dieser Zeit konnte Sabine die Wohnung leider nicht verlassen.

Meine Tage waren mit dem pflegerischen Aufwand, wie Essen zubereiten, Einkaufen, Wäsche waschen und Wohnung sauber halten, total ausgefüllt.

Dass meine eigenen Bedürfnisse unterdessen zu kurz kamen, störte mich nicht und ich habe es gerne für Sabine getan.

Die Café-Besuche mit ihrer besten Freundin fanden nicht mehr statt. Sabine hatte dafür keinen Lebensmut mehr. Es wurde nur noch telefoniert.

Ihre Freundin fuhr sie mit dem Auto zu den Ärzten und zu sonstigen Anwendungen, weil Sabine nun mittlerweile nicht mehr gehen konnte.

Zu Sabines Geburtstag am 28.08.2011 kam auch mein Mann aus Hamburg zu Besuch. Ihren Freundinnen hingegen hatte Sabine absagen müssen, weil es ihr nicht gut ging. Die vielen Nebenwirkungen der Behandlung hatten ihre physischen und psychischen Kräfte so ziemlich aufgezehrt. Es war insgesamt ein trauriger Geburtstag.

Es gelang uns immer weniger, Sabine aufzumuntern.

Am 01.09.2011 begann der 1. Zyklus mit CCNU in der Praxis von Dr. D. in Bremen.

Dabei teilte uns Dr. D. mit, dass die DAK die Kostenübernahme für das Mittel Avastin ablehnt, da dieses Medikament nicht für die Behandlung eines Glioblastoms zugelassen ist.

Sabine und Dr. D. legten Widerspruch ein.

Auf Anraten meines Mannes wurde Sabine Mitglied im Sozialverband VDK Niedersachsen, Rechtschutzabteilung Bremen.

Der VDK beriet Sabine rechtlich und versuchte, die Forderungen gegenüber der DAK durchzusetzen.

Da sich der Gesundheitszustand von Sabine weiter verschlechterte, nahm mein Mann telefonischen Kontakt mit einem Pflegedienst in Bremen auf. Wir vereinbarten einen Beratungstermin.

Anfang September 2011 erschien eine Angestellte des Pflegedienstes.

Nachdem sie sich einen Überblick verschafft hatte, ordnete sie an, dass Sabine sofort einen rollbaren Toilettenstuhl bekommen sollte.

Außerdem orderten wir eine Toilettensitzerhöhung, einen Haltegriff, einen Badewannenlift und zusätzlich eine Plastikstütze mit Klettverschlüssen zur Fixierung des linken Fußes.

Die Mitarbeiterin des Pflegedienstes beantragte zudem beim Medizinischen Dienst der Krankenversicherung die Zuteilung einer Pflegestufe.

Da ich körperlich noch in der Lage war, Sabine zu pflegen, verzichteten wir zunächst auf die Hilfe des Pflegedienstes.

Am Abend des 15.09.2011 wollte Sabine zu Bett gehen.

Sie stand auf, rutschte dabei jedoch mit dem linken Fuß auf dem Laminatfußboden weg und fiel hin. Ich konnte Sabine beim Aufstehen nicht helfen und sie war alleine zu schwach.

Ich klingelte bei einer netten Nachbarin.

Gemeinsam gelang es uns, Sabine aufzurichten.

Inzwischen wurde auch Sabines Behinderung vom Sozialamt Bremen mit einem Grad von 80 % anerkannt. Sie erhielt einen Behindertenausweis.

Am 19.09.2011 wurden die vom Pflegedienst bestellten Gegenstände von einem Sanitätshaus angeliefert.

Mit einer Spritze Vincristin in der Praxis bei Dr. D. endete am 29.09.2011 der 1. Zyklus. Dabei erkannte die Onkologin Sabines schlechten körperlichen Zustand und ordnete aufgrund dessen eine erneute MRT an.

Am 05.10.2011 kam mein Mann verabredungsgemäß mit dem Zug nach Bremen, um mich für ca. eine Woche bei der Pflege abzulösen.

Wir fuhren am Morgen dieses Tages mit Sabines Freundin im Auto zur onkologischen Praxis von Dr. D.

Es folgte dort ein erneutes Gespräch und eine Blutentnahme.

Danach hielten wir mit dem Auto vor Sabines Wohnung. Da es Sabine sehr schlecht ging, blieben wir im Auto sitzen. Dort warteten wir auf meinen Mann, der mit der Straßenbahn vorfuhr.

Sabines Freundin und ich waren ziemlich erschöpft und auch traurig, weil Sabine aufgrund der Hemiparese nicht mehr alleine gehen und stehen konnte.

Mein Mann holte den fahrbaren Toilettenstuhl aus der Wohnung im 5. Stock. Er hob Sabine aus dem Auto, setzte sie auf den Toilettenstuhl und brachte sie so bis in die Wohnung.

Ich fuhr schweren Herzens mit dem Zug nach Hause, um einige Termine wahrzunehmen.

Über den weiteren Verlauf berichtet nun mein Mann.

Für den noch anstehenden MRT-Termin forderte ich einen Krankentransport an. Da die Genehmigung der Krankenkasse endlich vorlag, konnten auch die Fahrten zu zukünftigen Terminen von einem Krankentransport übernommen werden.

Das Ergebnis der MRT war niederschmetternd. Das Tumorgewebe war wieder gewachsen. Ich versuchte, Sabine zu trösten und abzulenken. Für die eine Woche, die ich alleine mit ihr war, brauchte ich für die Pflege viel Kraft, sowohl physisch als auch psychisch.

Morgens Frühstück zubereiten, dann Sabine bei der Morgentoilette helfen, Einkäufe für den täglichen Bedarf, Mittagessen kochen, Sabine zu Bett bringen.

Schon seit längerer Zeit benutzte Sabine Kontaktlinsen und keine Brille mehr.

Mit der gesunden rechten Hand gelang es ihr im Moment noch, die Linsen selbst einzusetzen.

Wenn ich etwas Zeit hatte, begann ich, Sabines Unterlagen zu sortieren und mir einen Überblick zu verschaffen. Nachmittags tranken wir einen Kaffee und mit Sabines Hilfe ordnete ich weiterhin ihren Schriftverkehr. Wir unterhielten uns viel und sprachen dabei auch zahlreiche der nun wichtigen Themen an.

Sabine schrieb ihr Testament, das erst nach dem 10. Versuch leserlich zustande kam.

Nach dem Abendessen füllte ich, gemäß einer entsprechenden Liste, Sabines Tablettenbox. Sie schaute dann etwas Fernsehen und ich sortierte weiterhin ihre Unterlagen. Gegen 21.00 Uhr half ich bei der Abendtoilette und brachte Sabine ins Bett.

Sie saß nun überwiegend auf dem rollbaren Toilettenstuhl. Das war eine große Erleichterung für mich. Durch die Tabletteneinnahme (Cortison) hatte sie an Gewicht zugenommen und wog im Moment über 80 kg. Mit Hilfe des Toilettenstuhls konnte ich Sabine vor das Waschbecken oder ans Bett rollen. Nachdem Sabine im Bett war, konnte ich etwas entspannen, lesen oder Fernsehen schauen.

Ich schlief im Wohnzimmer auf dem Sofa. Mein eingeschaltetes Handy lag neben mir. Wenn Sabine nachts auf Toilette musste, rief sie mich mit ihrem Handy an. Das passierte bis zu 3 Mal in der Nacht.

Einmal passte ich nicht auf und vergaß, die Auffangschale unter den Sitz zu schieben. Wir sahen uns an und lachten beide.

Sabine wurde auch jeden Tag von mir geduscht. Der Badewannenlift war dabei eine große Hilfe.

Es handelte sich praktisch um eine 24-Stunden-Betreuung. Meine Frau und ich haben dies aber gerne für unsere Tochter getan, ohne groß darüber nachzudenken.

Mir wurde jetzt bewusst, was meine Frau in den letzten Wochen und Monaten geleistet hatte und sie hat dafür meine größte Hochachtung.

Am 12.10.2011 begann der 2. Zyklus mit CCNU. Mit einem Krankentransport fuhren Sabine und ich in die Praxis von Dr. D.

Erstaunt stellte ich fest, dass es dort keinen Rollstuhl gab. Sabine musste deshalb auf einem fahrbaren Bürostuhl Platz nehmen. Ich musste sie festhalten, damit sie nicht herunterfiel. Eine Arzthelferin hielt Sabines Füße.

Einen Tag später kam meine Frau aus Hamburg zurück. Sabine und ich waren froh darüber. Zu zweit konnten wir uns nun bei der Pflege abwechseln. Einige Dinge lassen sich besser von Frau zu Frau regeln.

Aufgrund der ungünstigen Prognosen für Sabine kamen wir nach langen Gesprächen überein, für sie ein Pflegeheim zu suchen.

Ich glaube, Sabine ahnte bereits, dass sie möglicherweise aufgrund ihres Krankheitsverlaufes in ein Pflegeheim müsste.

Gesagt hatte sie zwar nichts, doch ich merkte, dass sie immer trauriger und ruhiger wurde. Es würde ja auch einen sehr großen Einschnitt in ihrem Leben bedeuten.

In ihrer Bremer Wohnung hatte Sabine 25 Jahre lang gelebt.

Die Wohnung war liebevoll von ihr eingerichtet und nach ihren Wünschen renoviert worden. Die Küche war neu, ebenso das Badezimmer sowie die Laminatfußböden.

Das alles würde sich von heut auf morgen ändern. Ihr „altes Leben" musste Sabine aufgeben. Keine Arbeit mehr, keine Arbeitskollegen, kein Sport und vor allen Dingen musste sie ihre Freundinnen in Bremen zurücklassen.

Natürlich haben wir auch in Erwägung gezogen, Sabine zu uns nach Hause zu nehmen. Aber da unsere Toilette und das Badezimmer noch kleiner waren als Sabines, entschieden wir uns dagegen.

Aber auch unsere Erfahrungen mit der bisherigen Pflege waren ein Grund. Wir wollten den Krankheitsverlauf abwarten. Sollte der Tumor zum

Stillstand kommen, planten wir, unsere Wohnung behindertengerecht umzubauen oder uns eine andere Wohnung zu suchen.

Eine nette Nachbarin überließ mir ihren Laptop, der mir bei der Suche nach einem passenden Pflegeheim eine große Hilfe war.

Der ambulante Palliativdienst machte einen Hausbesuch und bestärkte uns in unserem Vorhaben. Es wurde uns zudem noch die Möglichkeit aufgezeigt, in ein Hospiz zu gehen. Das lehnte Sabine aber entschlossen ab.

Wir schauten uns ein Pflegeheim in Bremen an, das uns eine Nachbarin empfohlen hatte. Dies kam aber nicht infrage. Damit Sabine in unserer Nähe bleiben konnte, entschlossen wir, ein Pflegeheim in Hamburg zu suchen.

Von den gängigen staatlichen und privaten Heimen in Hamburg wurde mir auf Anfrage mitgeteilt, dass diese Einrichtungen für Sabine nicht infrage kommen würden. Die Bewohner waren im Durchschnitt alle mindestens 70 Jahre und älter. Da wäre Sabine nicht gut aufgehoben. Ich müsste nach einem Mehrgenerationenhaus suchen, so lautete die Empfehlung.

Mit Hilfe des Computers konnte ich ein Mehrgenerationenhaus (Pflegeheim) in Hamburg ausfindig machen. Telefonisch teilte mir die Heimleitung mit, dass sie Sabine aufnehmen könnten und, dass zum 21.10.2011 ein Einzelzimmer frei werden würde. Auch Sabines Krankheitsbild und die weitere Durchführung einer Chemo-Behandlung waren für die Heimleitung kein Problem.

Insgesamt machte die Heimleitung einen kompetenten Eindruck und das, was ich über das Heim gelesen hatte, klang sehr positiv. Daraufhin sagten wir zu.

Nun musste alles sehr schnell gehen: Kündigung des Mietvertrages und Wohnungsauflösung in Bremen. Alle Behörden, Ärzte, Krankenkassen, Stromanbieter, Fernsehen – GEZ, die Bremer Straßenbahn (Monatskarte) und der Mieterbund Bremen wurden informiert. Bis zum Umzug am 21.10.2011 gab es viel für uns zu tun. Sabines Sachen mussten gepackt, restliche Kleidung aussortiert und in einen Altkleidercontainer geworfen werden. Schade darum, aber wir hatten keine andere Wahl und vor allem keine Zeit. Sabine wollte gerne einen Satz ihrer blauen Arbeitsbekleidung behalten. Ihre Freundin erklärte sich bereit, diese für Sabine aufzuheben.

Ihr Fahrrad verkauften wir einem Fahrradhändler für einen geringen Preis. Über das Internet stieß ich auf eine Firma, die die Wohnung samt Keller komplett auflösen und besenrein übergeben würde. Als Termin einigten wir uns auf den 27.10.2011 und beantragten für diesen Tag eine

Halteverbotszone für 2 Lkw vor dem Wohnhaus. Für den Umzug in das Wohnheim am 21.10.2011 mietete ich einen Leihwagen-Kombi an, den ich in Hamburg zurückgeben konnte.

Am 28.10.2011 sollte laut Vereinbarung die Wohnungsübergabe an die Maklerin erfolgen.

Der Termin des Umzuges rückte unaufhaltsam näher.

Meine Frau und ich versuchten, uns Sabine gegenüber normal zu geben, obwohl wir innerlich sehr aufgewühlt waren.

Sabine kämpfte tapfer gegen ihre Krankheit an. Die Gewissheit darüber, dass jetzt ein völlig neuer Abschnitt in ihrem Leben beginnen würde, machte sie sehr traurig und verzweifelt. Auf der anderen Seite erkannte sie aber auch, dass dieser Schritt unumgänglich war.

Sie weinte viel. Meine Frau und ich standen ihr bei und trösteten sie, so gut es ging.

Auch ihre beiden Freundinnen kümmerten sich intensiv um Sabine. Sie telefonierten viel und ab und zu gaben sie auch mal einen Blumengruß, Engel oder Kerzen an der Tür ab. So vergingen die Tage wie im Flug.

Am 21.10.2011 holte ich morgens den Leihwagen. Er wurde mit Sabines Sachen gepackt. Den Toilettenstuhl nahmen wir vorsichtshalber auch mit. Die Fahrt von Bremen nach Hamburg verlief ohne Halt und ohne Komplikationen.

Im Pflegeheim wurden wir bereits erwartet. Die Pflegeleitung sowie zwei Pfleger kümmerten sich sofort rührend um Sabine. Sie nahmen sich auch gleich des Gepäckes an und zeigten uns das Zimmer, in dem Sabine fortan wohnen sollte.

Uns wurden die Abläufe, wie zum Beispiel Einnahme der Mahlzeiten, Waschen der Wäsche, körperliche Pflege mit Duschen und Visite der Heimärztin, erklärt.

Regelmäßig, einmal in der Woche, sollte Sabine gebadet werden.

Wir erklärten dem Personal auch noch einmal Sabines Erkrankung und dass sie aufgrund der Hemiparese linksseitig gelähmt war. Uns wurde versichert, dass diese Behinderung bei der Pflege berücksichtigt werden würde.

Ich sagte zu meiner Frau, wenn nur die Hälfte von dem zuträfe, was uns versprochen wurde, würde ich dem Heim die Note „Gut" geben.

Wir räumten Sabines Sachen ein. Um ihr Zimmer ein bisschen heimisch einzurichten, hängten wir einige persönliche Bilder auf und stellten ihre Engel, von denen sie schon seit einiger Zeit begleitet wurde, auf dem Nachttisch auf.

Wir aßen im Heim zusammen Mittag und fuhren dann schweren Herzens nach Hause. Wir hatten das Gefühl, dass Sabine im Heim gut betreut werden würde.

Am nächsten Tag fuhr ich zu Ikea und kaufte ein Wäschebord und eine Konsole für das Badezimmer. Ich brachte diese Dinge zu Sabine und baute sie auf. Danach gab ich den Leihwagen ab und nachmittags besuchten wir Sabine.

Sie wirkte sehr gefasst, aber ich glaube, dass sie uns ihre Traurigkeit einfach verbergen wollte. Das Heim hatte ihr erstmal einen Rollstuhl organisiert.

Nach dem gemeinsamen Kaffeetrinken fuhren wir zurück. Der Abschied fiel uns schwer, da wir nun für eine Woche nach Bremen fahren würden und Sabine nicht besuchen konnten.

Dafür übernahmen mein Sohn und die Schwester meiner Frau die Besuche. Sabine fragte in dieser Woche ständig nach uns und erzählte ihrer Tante, dass wir sie immer so lieb trösten würden.

Am 23.10.2011 fuhren wir also mit dem Auto nach Bremen und bereiteten die Wohnungsauflösung vor. Alle Möbel wurden soweit es ging abgebaut. Die losen Gegenstände legten wir in stabile Müllsäcke. Die restlichen Bekleidungsstücke warfen wir in den Kleidercontainer.

Am 27.10.2011 kam die Mitarbeiter der genannten Firma und räumten die Wohnung und den Keller besenrein leer. Nachdem die Mitarbeiter der

Firma nachmittags wieder abfuhren, rollte ich einige Wände mit Farbe über.

Da wir nun keine Betten mehr hatten und am nächsten Tag die Wohnung übergeben wollten, schliefen wir eine Nacht im Hotel.

Am 28.10.2011, zum verabredeten Zeitpunkt, erschien die Maklerin. Über den guten Zustand der Wohnung war sie angenehm überrascht.

Sie entließ uns zum 31.10.2011 aus dem Mietvertrag, da sie schon zum 01.11.2011 neue Mieter hatte.

Wir freuten uns, dass alles so reibungslos abgelaufen war und fuhren anschließend zurück nach Hamburg. Unser Auto war voll bepackt mit Erinnerungsstücken von Sabine und Gegenständen, die wir für Sabine aufheben wollten.

Am 29.10.2011, dem Geburtstag meiner Frau, kaufte ich noch eine Musikanlage und ein leicht zu bedienendes Handy für Sabine, ehe wir sie am Nachmittag besuchten.

Sabine freute sich unbändig und fragte uns, wo wir denn bleiben würden. Dass wir aufgrund der Wohnungsauflösung eine Woche in Bremen waren, hatte sie verdrängt.

Meine Frau und ich fuhren nun abwechselnd jeden Tag ins Heim. Wir tranken Kaffee mit Sabine und brachten ihr Obst mit. Ihre Freundinnen aus Bremen besuchten sie ebenfalls im Heim. Und auch von ihrer Oma (92 Jahre), ihrer Tante und ihrem Bruder erhielt sie Besuch.

Ich besorgte einen Termin in der onkologischen Praxis des Klinikums Heidberg. Mit einem Krankentransport fuhren wir am 02.11.2011 dorthin. Der Arzt verschaffte sich einen Überblick über den Krankheitsverlauf und die bisherigen Behandlungen. Er teilte uns mit, dass die Chemo mit CCNU fortgesetzt werden könne. Dabei würden wöchentlich einmal Blut und Urin kontrolliert werden müssen.

Ich fragte den Onkologen, ob die Chemo aufgrund der gravierenden Nebenwirkungen noch „Sinn" machen würde.

Zudem blieb ja auch der erhoffte Erfolg aus.

Er antwortete wörtlich: „Schaden richtet die Chemo nicht an".

Ich hätte mir etwas mehr Klarheit gewünscht.

Mit der Spritze Vincristin, die Sabine am 09.11.2011 in der Onkologie erhielt, war der 2. Zyklus beendet.

Damit die Medikamente richtig wirken konnten, ordnete der Onkologe an, dass bei Sabine ein Port gelegt werden sollte. Dieser Eingriff wurde am 22.11.2011 im Klinikum Heidberg durchgeführt.

Am 23.11.2011 begann der 3. Zyklus mit der Einnahme von 5 Tabletten CCNU.

Vom 30.11. bis zum 13.12.2011 nahm Sabine täglich 2 Tabletten Natulan ein.

Am 30.11.2011 folgte in der Onkologie eine erneute Infusion mit Vincristin über den erwähnten Port.

Inzwischen merkten meine Frau und ich, dass im Heim einiges aus dem Ruder lief und nicht so war, wie es uns bei der Aufnahme versprochen wurde:

- in einem Zeitraum von 6 Wochen wurde Sabine nur 2x gebadet und 1x geduscht
- zwischen 13 und 14 Uhr durfte nicht geklingelt werden – Besprechung der Pflegekräfte
- wer zu oft klingelte, weil er auf Toilette musste, dem wurde mitgeteilt: es werden Strichlisten geführt oder es wurde sogar die Verlegung eines Katheders angedroht
- morgens und abends wurde das Essen hingestellt, ohne, dass es in kleine Häppchen geschnitten war
- Schmutzwäsche wurde nur unregelmäßig abgeholt und gereinigte Wäsche unvollständig geliefert
- oft fehlten Toilettenpapier, Waschlappen und Getränke
- Getränkeflaschen wurden nicht aufgeschraubt. Sabine konnte aber die linke Hand und den linken Fuß wegen der Hemiparese (Lähmung) nicht benutzen

- die Kontaktlinsen wurden nicht mehr regelmäßig gewechselt

Wir bekamen den Eindruck, dass die Pflegekräfte
überlastet waren. Also haben wir die Aufgaben –
soweit es uns möglich war – selbst übernommen.

Die Krankentransporte wurden von mir verständigt. Zu den Terminen sind entweder meine
Frau oder ich mitgefahren. Wir haben Sabine auf
dem Toilettenstuhl geduscht. Die Wäsche hat meine Frau teilweise zu Hause gewaschen. Wir haben
uns darum gekümmert, dass Sabine von Ergo- und
Physiotherapeuten im Heim behandelt wurde.

Wegen der fortschreitenden Hemiparese des linken Fußes nahm ich Kontakt mit einem Schuhor-
thopäden auf. Er sagte zu, Sabine einen orthopädi-
schen Schuh anzupassen.

Mehrfach rief ich im Sanitätshaus an, um zu er-
fahren, wann Sabine endlich einen angepassten
Rollstuhl bekommen würde. Ich bekam nur Ausre-
den zu hören. Einmal hakte es angeblich hier, einmal hakte es dort. Tatsache war, dass Sabine ver-
geblich auf einen eigenen Rollstuhl wartete.

Bei den Rollstühlen im Heim handelte es sich
um Gebrauchte. Das wäre ja auch in Ordnung gewesen, wenn sie wenigstens gepasst hätten oder
nicht ständig kaputt gegangen wären. Durch einen
zu engen Rollstuhl zog sich Sabine links und rechts

an den Oberschenkeln tiefe Scheuerwunden zu, die von einer Wundärztin behandelt werden mussten.

Nach den bisherigen Erfahrungen würde ich dem Heim keine Note „2" mehr geben und wir können es auch nicht weiterempfehlen.

Sabine war durch die geschilderten Umstände eingeschüchtert. Sie hatte regelrecht Angst und bat mich, der Heimleitung nichts über mögliche Missstände zu sagen.

Trotzdem suchte ich das Gespräch mit der Pflegeleitung. Am 30.11.2011 setzten wir uns zusammen.

Bei dem Gespräch fühlte mich nicht ernst genommen und meine Vorbehalte wurden abgewiegelt.

Ich bekam wörtlich mitgeteilt: „Was wollen Sie eigentlich? Sie machen ja sowieso alles selbst."

Mir wurde zugesichert, dass Sabine nicht wegen der von mir angesprochenen Probleme schlechter behandelt werden würde.

Ich merkte, dass Sabine mit ihrer Erkrankung eine andere Pflege und Betreuung benötigte. Ich prüfte deshalb die Möglichkeit, sie in ein Hospiz zu verlegen. Dabei stieß ich auf den Hamburger Palliativ- und Hospizdienst.

Eine psychologisch geschulte Mitarbeiterin dieses Hospizes besuchte Sabine im Heim. Sie bekam denselben Eindruck, den ich auch hatte: Das Pflegeheim war für Sabine nicht die richtige Einrichtung.

Mit der Heimleitung vereinbarten wir einen Termin nach Weihnachten, um die Verlegung in das Hospiz in die Wege zu leiten.

Beim Amtsgericht Hamburg beantragte ich, die Betreuung für Sabine übernehmen zu dürfen. Eine Mitarbeiterin des Amtsgerichtes besuchte Sabine deswegen im Heim. Als sie Sabine fragte, ob sie einverstanden wäre, wenn ihr Vater die Betreuung übernähme, antwortete Sabine mit „Nein".

Wir sahen uns an und mussten herzlich darüber lachen.

Der Antrag wurde zügig genehmigt.

Doch es wurde nun immer offensichtlicher, dass Sabine körperlich zunehmend schwächer wurde.

Auch war sie teilweise nicht mehr ansprechbar und bekam ab und zu nicht mehr alles mit. Sie hatte jeglichen Lebensmut verloren, schaute kein Fernsehen mehr, las keine Zeitschriften und hörte auch kein Radio.

Wenn das Wetter es zuließ, fuhr meine Frau Sabine im Rollstuhl draußen spazieren. Doch Sabine hatte das nicht mehr so gern. Sie war lieber in ihrem Zimmer im Bett.

Im Heim gab es auch Freizeitangebote, wie Spielenachmittage und Bastelkurse. Die dafür verantwortliche Therapeutin versuchte mehrmals,

Sabine zu überzeugen, daran teilzunehmen. Sabine konnte und wollte das aber nicht mehr.

Am 03.12.2011 waren meine Frau und ich von unserer Gemeinde zu einer Weihnachtsfeier eingeladen. Meine Schwägerin war bereit, an diesem Tag den Besuch bei Sabine zu übernehmen.

Am nächsten Tag erzählte sie uns, dass es Sabine nicht so gut ging und sie abends vom Toilettensitz gefallen ist. Sie hatte sich dabei aber glücklicherweise nicht verletzt.

Wenn wir Sabine nachmittags im Heim verließen, wollte sie nur noch kurz auf die Toilette und dann gleich ins Bett. Ihr Zimmer musste dann auch schon verdunkelt werden.

Manchmal verlor sie das Zeitgefühl. Mitunter rief sie mitten in der Nacht bei uns zuhause an, um uns etwas Wichtiges mitzuteilen.

Bei einem meiner Besuche klagte Sabine über Brennen beim Wasserlassen und übermäßigen Harndrang. Auf meinen Wunsch ordnete die Heimärztin einen Urintest an, der angeblich ohne Befund war.

Da sich die Beschwerden jedoch verschlimmerten, brachte ich selber eine Urinprobe in eine nahe gelegene urologische Praxis.

Dort wurde festgestellt, dass Sabine eine starke Blasenentzündung hatte. Der Urologe verordnete entsprechende Tabletten, die ich ins Heim brachte.

Die Pflegeleitung lehnte es ab, Sabine die Tabletten zu geben. Dies müsse erst mit der Heimärztin abgesprochen werden, die jedoch erst am nächsten Tag wieder kommen würde.

Gut, dass ich schon vorher eine Tablette aus dem Glas entnommen hatte, die ich Sabine nun zum Einnehmen gab. Die Beschwerden klangen langsam ab.

Am 05.12.2011 besuchte meine Frau Sabine wie üblich am Nachmittag. Irgendetwas war anders an diesem Tag. Das Badezimmer lag voller Schmutzwäsche. Der Geruch in dem Raum war unerträglich.

Der Grund war, dass mehrere Bewohner des Heimes an einem Magen- und Darmvirus erkrankt waren. Die Einrichtung stand deshalb unter Quarantäne. Auch Sabine war an diesem Virus erkrankt.

Das Gesundheitsamt untersuchte einige Proben. Es handelte sich Gott sei Dank nicht um den gefährlichen Noro-Virus.

Nur mit Kittel, Mundschutz und Handschuhen bekleidet durfte man kurz in Sabines Zimmer.

Am 06.12.2011 erkrankte meine Frau ebenfalls. Sie hatte sich angesteckt.

In den nächsten Tagen stellte ich fest, dass sich der Zustand von Sabine erheblich verschlechterte.

Sie lag nur noch im Bett, war kaum ansprechbar und teilweise leicht verwirrt.

Da ich den Verdacht hatte, dass Sabine nicht genügend trinken würde, setzte ich mich mit der Heimärztin in Verbindung.

Daraufhin ordnete die Ärztin mehrere Infusionen gegen den Flüssigkeitsverlust an.

Weil sich viele Pflegekräfte ebenfalls angesteckt hatten, waren die Stationen nur notdürftig besetzt. Am 16.12.2011 wurde die Quarantäne vom Gesundheitsamt aufgehoben.

Nun konnten meine Frau und ich Sabine wieder besuchen. Dabei merkte meine Frau, dass sich Sabine mehrfach mit der Hand an den Kopf fasste.

Das war uns bisher noch nicht aufgefallen.

Auf die Frage, ob sie Schmerzen habe, antwortete sie auf ihre Art: „Mama, du nervst – Papa sagt das auch". Diese Bemerkung werden wir nicht vergessen.

Mit dem Onkologen vom Klinikum Heidberg kam ich überein, aufgrund des sehr schlechten Gesundheitszustandes von Sabine, die Chemotherapie abzusetzen.

Am 19.12.2011 erhielt meine Frau gegen 16.20 Uhr einen Anruf vom Heim. Ihr wurde mitgeteilt, dass sich der Zustand von Sabine erheblich verschlechtert habe. Wir fuhren umgehend ins Heim.

Bei unserem Eintreffen war Sabine nicht mehr ansprechbar. Die Augen waren geschlossen und sie wurde von Erstickungsanfällen gequält. Die angeblich verständigte Heimärztin war auch nach 90 Minuten noch nicht da.

Ich bat den Pfleger, unverzüglich einen Rettungswagen anzufordern. Er antwortete, dass es sich bei der schweren Erkrankung von Sabine um einen Sterbevorgang handeln würde und wir nichts weiter unternehmen sollten.

Wir bekamen einen Riesenschreck und schauten uns ungläubig an. Wir sollten unsere Tochter hier sterben lassen? Das kam für uns überhaupt nicht infrage.

Daraufhin telefonierte ich nach einem Rettungswagen und schilderte der Notrufzentrale den Grund.

Der Rettungswagen erschien unverzüglich mit Sonderrechten.

In der Zwischenzeit hielt ich Sabine im Arm und streichelte sie lieb.

Von den Rettungsassistenten wurde Sabine abgesaugt und sie beruhigte daraufhin sich sofort. Der Rettungswagen brachte sie ins UKE Hamburg.

Wir fuhren hinterher.

Der diensthabende Arzt teilte uns mit, dass Sabine komatös sei, weil der Tumor laut einer CT-Kontrolle gewachsen war und dadurch auf das Stammhirn drückte.

Die angeforderte Patientenverfügung befand sich in der Krankenakte. Weiterhin sagte er, dass Sabine in das Hubertus Wald Tumorzentrum im UKE in ein Einzelzimmer verlegt werden würde und wir sie dort jederzeit besuchen könnten.

Wir fuhren insoweit beruhigt nach Hause, als dass wir Sabine in „guten Händen" wussten. Wir waren froh, uns gegenüber der Pflegeleitung im Heim durchgesetzt zu haben.

Sollten wir jemals in eine ähnliche Lage geraten, haben wir hoffentlich auch jemanden, der sich so für uns einsetzt.

Am 20.12.2011 besuchten wir Sabine im UKE. Sie lag friedlich in ihrem Bett, bekam nur eine leichte Sauerstoffzufuhr und über einen Tropf leichtes Morphin.

Im Hintergrund spielte eine leise Musik.

Sie lag weiterhin im Koma.

Die Stationsärztin klärte uns über Sabines Zustand und die derzeitige Behandlung auf. Sie teilte uns mit, dass Sabine hier bleiben könnte, bis sie eingeschlafen sei.

Wir unterhielten uns mit Sabine und erzählten ihr unseren Tagesablauf.

Keiner weiß, auch die Ärztin konnte uns nichts darüber sagen, ob komatöse Patienten noch etwas wahrnehmen. Unter Umständen registrieren sie aber vielleicht die vertrauten Stimmen, so heißt es.

Am Vormittag des 21.12.2011 fuhren wir ins Pflegeheim und teilten der Heimleitung mit, dass Sabine nicht wiederkommen würde. Ich kündigte den Mietvertrag und wir räumten das Zimmer leer.

Weitere Kontakte mit der Heimleitung hatten wir nicht und hielten wir auch nicht für nötig.

Ein Pfleger teilte mir mit, dass Sabines Bett inzwischen mit einer Matratze gegen das „Durchliegen" ausgestattet worden sei und dass ein Absauggerät am Bett stünde.

Ich war ziemlich traurig, auch ärgerlich und antwortete, dass Sabine diese Gegenstände vor ca. 1 Woche gebraucht hätte und dass sie jetzt im UKE die Pflege bekommt, die sie braucht und die ihr gut tut.

Die Heimärztin, die Onkologie im Heidberg, das Sanitätshaus, der Orthopäde und die Therapeuten wurden von uns darüber informiert, dass Sabine im UKE liegen und nicht wieder zurückkommen würde.

Nachmittags besuchten wir Sabine. Auch die Schwester meiner Frau war da.

Nachdem meine Frau Sabine die Weihnachtspost vorgelesen hatte, öffneten sich ihre Augen und wir hatten das Gefühl, dass sie alles in sich aufnahm und uns irgendetwas sagen wollte.

Am Abend kam auch ihr Bruder zu Besuch. Er hatte einen lieben Brief an Sabine geschrieben, den er im Krankenzimmer am Kopfende des Bettes an die Wand klebte. Dieser Brief wurde nach ihrem Tod mit in den Sarg gelegt.

Am 22.12.2011, um 09.00 Uhr, rief das UKE an und teilte uns mit, dass Sabine eingeschlafen sei und wir kommen sollten. Wir fuhren sofort hin.

Die Stationsärztin nahm uns in Empfang. Sie brachte uns in Sabines Zimmer. Sabine lag wie schlafend im Bett.

Wir nahmen leise Abschied und baten um Trost durch den Krankenhauspastor. An Sabines Bett beteten wir gemeinsam.

Wir waren sehr, sehr traurig und erschrocken, dass es am Ende mit Sabine doch unheimlich schnell ging.

Die Stationsärztin klärte noch die Frage einer Organspende ab. Wir lehnten ab. Dies hatte Sabine auch in der Patientenverfügung so festgelegt.

Das Angebot, am nächsten Tag von Sabine in der Pathologie noch mal Abschied zu nehmen, nahmen wir an und baten den Pastor, uns dabei zu begleiten. Anschließend fuhren wir voller Trauer nach Hause. War es nur ein böser Traum oder doch Wirklichkeit?

Von zuhause aus verständigte ich die Familie, die Behörden, den Arbeitgeber, die Freundinnen in Bremen, die Krankenkasse, die Rentenversicherung, die Bank und Freunde darüber, dass Sabine eingeschlafen war.

Am Nachmittag desselben Tages hatten wir einen Termin mit der Mitarbeiterin eines Bestattungsunternehmens. Wir teilten ihr mit, dass Sabine verstorben sei und von der Pathologie im UKE abgeholt werden müsse.

Ihrem eigenen Wunsch gemäß sollte Sabine verbrannt werden. Wir besprachen den Ablauf der Trauerfeier bei der Urnenbeisetzung, den Blumenschmuck und den Musikwunsch (*Angels* von Robbie Williams, einem der Lieblingssänger Sabines).

Die Urnenbeisetzung sollte an einem Freitag stattfinden, weil viele Trauergäste einen langen Anfahrtsweg hatten. Wir einigten uns auf den 06.01.2012.

Anhand unserer Adressenliste verschickte der Bestatter die Trauerbriefe und übernahm auch die Benachrichtigung der zuständigen Ämter.

Ein Foto von Sabine wollte der Bestatter vergrößern und in der Kapelle neben der Urne aufstellen.

Am Vormittag des nächsten Tages bestellten wir auf dem Waldfriedhof Volksdorf ein Urnengrab. Unser Sohn war dabei.

Der Friedhofsangestellte zeigte uns mehrere Plätze. Wir wählten eine Stelle, die sowohl schattig war als auch etwas Sonne durchließ.

Wir hatten das Gefühl, dass Sabine hier beschützt liegen und sich wohlfühlen würde.

Am selben Tag, nachmittags, fuhren wir mit unserem Sohn in die Pathologie. Der Pastor begleitete uns in den Raum, in dem Sabine friedlich aufgebahrt war. Der Pastor sprach tröstliche Worte und wir beteten gemeinsam.

Das Gesicht von Sabine hatte eine freundliche Mimik. Es sah aus, als ob sie lächelte.

Der Pastor bemerkte das auch und meinte, dass Sabine die Schmerzen und Qualen überstanden und jetzt ihren Frieden gefunden hatte. Das war tröstlich für uns.

Weihnachten stand vor der Tür. Eigentlich hatten wir das Fest gemeinsam mit Sabine im Heim feiern wollen. Das sollte nun nicht mehr möglich sein.

Weihnachten hat für uns jetzt eine andere Bedeutung. Unsere Familie ist nicht mehr vollzählig. Ruhe und Besinnlichkeit stehen nun im Vordergrund.

Der Besuch von Gottesdiensten unserer Kirchengemeinde half uns bei der Trauerbewältigung.

Am Vormittag des 02.01.2012 besuchte uns unser Pastor. Er war sehr einfühlsam und sprach uns Trost zu.

Für seine Trauerrede benötigte er einige Daten und Abläufe aus Sabines Leben.

Ihr Musikwunsch und der Termin der Trauerfeier wurden von ihm bestätigt.

Wir fanden auch ein in der Nähe gelegenes Lokal, das Platz für ca. 35 Trauergäste bot. Die Wirtin machte uns Menüvorschläge.

Meine Frau und ich überdachten noch einmal alles in Ruhe und überlegten, ob wir nichts vergessen hatten. Wir merkten auf der einen Seite die große Anspannung und Trauer, anderseits aber auch, dass wir im Moment nur noch „funktionierten". Der für uns schlimmste Tag, die Beisetzung, rückte immer näher.

Einige Leute im Freundes- und Bekanntenkreis hatten große Probleme, uns gegenüber die richtigen Worte zu finden. Wir bemerkten die Scheu und die Unsicherheit. Viele nahmen uns einfach nur in dem Arm und bekundeten so ihre Betroffenheit.

Natürlich hörten wir auch Phrasen wie etwa: "das wird schon wieder", "Sabine hat ausgelitten", "hoffentlich kommt Ihr bald drüber weg". Derartige Bemerkungen fanden wir sehr unpassend.

Verständnis für unsere Situation hatten überwiegend Menschen, die etwas Ähnliches erlebt hatten. Viel Trost und Beistand fanden wir auch in unserer Kirchengemeinde.

Dann kam der Freitag, der 06.01.2012.

Um 12.30 Uhr fand die Trauerfeier in der Kapelle des Waldfriedhofes Volksdorf statt. Das Wetter war kalt, trocken und sonnig.

Zeitgerecht trafen wir auf dem Friedhof ein.

Die Trauergäste waren schon da und hielten sich in der Wärmehalle auf.

Sie hatten sich zuvor in Kondolenzlisten vor der Kapelle eingetragen. Wir begrüßten alle.

Anschließend nahmen wir zunächst einmal im engsten Familienkreis Abschied von Sabine. Es waren für uns sehr bewegende und emotionale Momente.

Der Pastor unserer Kirchengemeinde hielt in der Kapelle eine Rede, die uns sehr zu Herzen ging. Nach der Trauerfeier gingen alle zum Urnengrab, wo die Beisetzung stattfand.

Auf dem ca. 800 m langen Weg von der Kapelle zum Urnengrab kreuzte plötzlich ein Reh unseren Weg. Es schien uns, als ob uns jemand ein „Zeichen" geben wollte.

Alle Trauergäste, die das Reh ebenfalls gesehen hatten, empfanden genauso.

An der Grabstelle sprachen wir zum Schluss gemeinsam ein Gebet.

Meine Frau war am Ende ihrer Kräfte und musste gestützt werden.

Sie hatte auf die Einnahme von entsprechenden
Tabletten verzichtet, um die Trauerfeier bewusst
erleben zu können.

Nach der Beisetzung fuhren wir mit den Trauergästen in das im Trauerbrief genannte Lokal. Hier konnten wir uns noch mal bei allen für die herzliche Anteilnahme bedanken – auch im Namen von Sabine. Besonderer Dank galt denjenigen, die die weite Anfahrt von Berlin, Recklinghausen und Dannenberg auf sich genommen hatten.

Außerdem gebührte auch Sabines Firma aus Bremen ein besonderer Dank. Die Mitarbeiter ihrer Abteilung hatten extra einen Kleinbus für die Fahrt nach Hamburg angemietet.

Bei tröstlichen Gesprächen, Kaffee und Kuchen klang dieser Tag langsam aus.

Zuhause fanden meine Frau und ich noch lange keine Ruhe. Wir waren innerlich sehr aufgewühlt.

In den nächsten Tagen und Wochen bemühten wir uns, neben der Trauer den normalen Alltag wieder zu meistern.

Ein Bild von Sabine steht mit einer Kerze bei uns auf dem Esszimmertisch. In unserem Herzen wird sie immer ihren Platz haben.

Mit den Freundinnen aus Bremen haben wir heute noch Telefonkontakt.

Es war uns ein Bedürfnis, diese Geschichte niederzuschreiben. Es hat uns bei der Trauerbewältigung sehr geholfen.

Vielleicht hilft es auch Menschen, die einen ähnlichen Schicksalsschlag hinnehmen mussten.

Unsere Erfahrungen mit den Ärzten sind positiv. Vielleicht hatten wir mit der Auswahl auch etwas Glück.

Es gibt nur einen Punkt zu beanstanden:

Unser Wunsch wäre es gewesen, dass die Ärzte uns rechtzeitig die Wahrheit über die Schwere der Krebserkrankung unserer Tochter und deren Folgen mitgeteilt hätten.

Sicherlich hätten wir dann einige Entscheidungen anders getroffen. In unserem Fall wäre es beispielsweise besser für Sabine gewesen, gleich in ein Hospiz zu gehen.

Ob die Krankenkasse die Kosten für das Krebsmittel Avastin übernehmen wird, ist noch nicht entschieden.

Der Kampf gegen die Kasse geht deshalb weiter. Beim Sozialgericht in Bremen ist eine Klage in dieser Angelegenheit anhängig.

Wir haben gemerkt, wie wichtig der Zusammenhalt der Familie ist, um einen so schweren Schicksalsschlag zu überstehen.

Auch der Kontakt mit guten Freunden und Arbeitskollegen kann hilfreich sein.

Als Abschluss ein paar tröstende Zeilen:

„Je schöner und voller die Erinnerung,
desto schwerer die Trennung.
Aber die Dankbarkeit verwandelt
die Erinnerung in eine stille Freude.
Man trägt das vergangene Schöne
wie ein kostbares Geschenk in sich.“

Von Dietrich Bonhoeffer

Geschrieben von
Erika und Hans-Walter Busch
am 06.01.2014